ORPHÉON

D'ARGENTEUIL

PAR

A. BONNEN[illegible]

ARGENTEUIL

CHEZ P. WORMS, IMPRIMEUR, RUE DE LA CHAUSSÉE;
BACOT, LIBRAIRE, GRANDE-RUE, N° 152.

1867

PRÉCIS HISTORIQUE

SUR

L'ORPHÉON D'ARGENTEUIL

ARGENTEUIL. — IMPRIMERIE P. WORMS.

1846 — 1858 — 1866

PRÉCIS HISTORIQUE

SUR

L'ORPHÉON

D'ARGENTEUIL

PAR

A. BONNEVALLE

ARGENTEUIL

CHEZ P. WORMS, IMPRIMEUR, RUE DE LA CHAUSSÉE;

BACOT, LIBRAIRE, GRANDE-RUE, N° 152.

1867

A Messieurs

LES MEMBRES D'HONNEUR

ET

LES MEMBRES HONORAIRES

DE L'ORPHÉON D'ARGENTEUIL.

LES ORPHÉONISTES, Reconnaissants.

PRÉCIS HISTORIQUE

SUR

L'ORPHÉON D'ARGENTEUIL

1846 — 1858 — 1866

I

L'histoire générale des Sociétés chorales de France, s'il se trouve un jour un écrivain assez habile et assez patient pour tenter cette œuvre, offrira entre autres enseignements, le miroir le plus fidèle de la bonne volonté et de la persistance de certains hommes, qui, en dehors de tout intérêt, par le fait d'une abnégation absolue, et d'un devoir volontaire à accomplir, se sont adonnés à un travail ingrat, et souvent mal jugé, et dont le but, encore éloigné, échappe à l'ignorance ou est nié par le mauvais vouloir.

Appeler à soi quelques adeptes (la plupart jeunes, inconstants), les grouper, les guider dans l'étude de la musique et du chant, les encourager, leur parler vaguement du but proposé, quoique lointain encore, les animer, les enflammer de son propre enthousiasme, ne pas les laisser s'abattre par les difficultés sans nombre qui surgissent à chaque idée nouvelle; puis enfin les conduire à ces victoires pacifiques dont les sceptiques nient le mérite ou la tendance; mais où les observateurs ont remarqué le germe de l'universelle fraternité.

Telle est la tâche — elle est rude, on le voit — que se sont imposée ces hommes dont on dira plus tard, à coup sûr : Ils ont bien mérité du pays !

Il fallait à un siècle aussi chercheur du bien-être populaire que se proclame le nôtre, plusieurs routes à parcourir avant de trouver sa véritable voie; mais de tous ces sentiers dont il n'a encore pour ainsi dire que pressenti les amorces, la musique vocale (l'Orphéon) est sans contredit celui où il s'est le plus avancé, celui qui le rapprochera le plus de la vérité, si même il ne l'a déjà atteinte, et puisqu'il est dans la fatalité et la faiblesse humaines de ne pouvoir rien produire sans opposition et sans luttes — le bien ne s'affirme qu'ainsi — il faut savoir gré à ces militants, généraux et soldats obscurs d'une armée trop nombreuse pour la compter, qui partent pour une conquête non moins difficile, mais mille fois plus précieuse que celle de la Toison mythologique, l'expression la plus extrême de la civilisation, qui s'appelle la Fraternité !

C'est le Précis historique d'une de ces compagnies d'élite, vieillie déjà dans cette grande armée du progrès, que nous allons esquisser aujourd'hui; espérons que sous la statistique des faits et des chiffres, le but promis ne s'effacera pas.

II

Le chant n'est pas de création nouvelle.

Pas de peuples anciens qui n'aient eu leurs élans rhythmés de guerre, de haine ou de triomphe; pas aujourd'hui de peuplades sauvages où le chant ne se retrouve pour exprimer la douleur ou la joie, la mort ou la naissance.

Le paganisme lui donnait la divinité pour origine; la Bible nommait PROPHÈTES ceux qui psalmodiaient ses versets; la Grèce l'avait en honneur et lui dut sa suprême civilisation; en un mot, aucune société humaine n'échappe à son influence.

Au milieu du cataclysme effrayant des premiers temps de notre ère, le chant se réfugie dans la pratique religieuse; il est consigné dans l'Eglise; ce n'est encore que la note monotone, que le rhythme fatigant; c'est la répétition fatidique du chant Grégorien.

La propagation musicale en souffre; mais bientôt la MUSIQUE populaire entre par les portes grand-ouvertes de la frénésie religieuse; les fidèles mêlent les airs populaires aux paroles sacrées.

La chanson dans le temple! Il fallut le concile de Trente pour faire cesser cet abus!

Alors le chant, d'abord insouciant de la règle et de la discipline, se régularise bientôt; puis son étude devient le privilége du riche; il est monté de bas en haut, pour redescendre bientôt épuré, façonné, soumis à des règles qui, en contenant son essence dans des limites exactes, le feront — singulier paradoxe — grandir et s'étendre à l'infini.

Peu à peu il pénètre dans les masses, mais toujours isolément;

il s'y infiltre lentement, lentement, goutte à goutte, jusqu'à ce que enfin, il soit déclaré d'utilité publique.

L'étude du chant en France ne date pas de loin, De 1820 à 1867, une période de quarante ans s'est à peine écoulée, et déjà on peut juger de ses progrès.

En 1819, M. de Gerando demande à la Société pour l'instruction élémentaire d'enseigner le chant dans les écoles primaires.

Béranger, notre illustre poète national, propose, pour l'accomplissement de cette idée, son ami Wilhem. Aussi habile que modeste, ce savant crée une méthode facile et tellement conçue, qu'aujourd'hui encore, elle est le traité le plus parfait de l'enseignement musical.

Les premières réunions des jeunes élèves pour l'étude du chant d'ensemble (l'Orphéon) ont lieu en 1833, et le 6 mars 1835, dans un rapport fait au Conseil municipal de la ville de Paris pour l'introduction du chant dans toutes les écoles primaires gratuites, M. Boulay de la Meurthe, s'exprimait ainsi :

« Qui de nous, à moins que son organisation ne soit incomplète, n'a souvent été blessé de ces chants grossiers que fait entendre le peuple et qui offensent l'oreille autant que le bon sens? Qui de nous, pour peu qu'il ait quitté l'ombre de son clocher, n'a gémi de rencontrer à chaque pas, dans notre pays, de nouveaux patois exprimés dans des intonations sauvages? La langue même, celle que parlent les classes qui ont reçu une éducation relevée, manque de prosodie et d'harmonie jusque dans les vers. En France, il est vrai de le dire, il n'y a ni justesse de l'oreille, ni justesse de la voix.

» Tous ces vices tiennent à l'absence complète de l'enseignement du chant dans l'instruction primaire. Comblez cette lacune, et deux générations ne seront pas écoulées que déjà le peuple sera policé dans ses chants comme dans son langage. Les organes de tous auront acquis cette sensibilité qui ne laissera pas passer une influence vicieuse sans la condamner. Ces accents barbares de nos patois disparaîtront avec eux. Un véritable chant national se constituera; la langue deviendra plus harmonieuse, et la France qui fait son palladium de l'Unité, y tendra dans l'intonation de son langage comme dans toutes choses. »

A la suite de ce rapport, le Conseil municipal, sur la proposition de M. de Rambuteau, votait à l'unanimité l'enseignement du chant élémentaire dans trente écoles de Paris.

En 1838, il avait lieu dans cinquante écoles mutuelles et se donnait dans onze classes du soir pour les adultes-hommes.

C'est dans l'un de ces cours, tenu à la Halle-aux-Draps, par MM. Joseph Hubert et Foulon, que nous trouvons tout d'abord M. Henri Lambert moniteur-général, d'après son aptitude, maintenant directeur des Orphéons d'Argenteuil et de Sannois.

Aujourd'hui, l'étude du chant est répandue par toute la France; elle fait son chemin, comme disent les professeurs, et peu d'années s'écouleront sans que nous voyions s'accomplir le vœu de M. Boulay de la Meurthe.

III

Ce fut en 1846, que M. H. Lambert introduisit l'étude de la musique vocale à Argenteuil, dans la maison d'éducation dirigée par Mme Lambert.

Entrait-il déjà dans la pensée du jeune ouvrier, car M. Lambert était alors un simple ouvrier horloger, et ne devait que l'année d'après recevoir son brevet d'instituteur primaire; entrait-il déjà, disons-nous, dans sa pensée de créer un Orphéon dans une ville telle qu'Argenteuil, où les intérêts, et un peu la routine primaient tous autres sentiments.

Nous ne pouvons le dire; dans cette tentative cependant M. Lambert dut plus d'une fois se rappeler ses beaux succès de la Halle-aux-Draps, alors que ses camarades le proposaient aux prix de la ville de Paris et de la Reine.

Quoi qu'il en soit, après trois mois d'étude, vingt-trois jeunes filles donnèrent sous sa direction un concert dans la salle de l'école communale (rue de Calais); quelques mois après elles en donnèrent un second, et déjà unissant l'utile à l'agréable, des quêtes étaient faites dans ces séances musicales et les pauvres du pays recueillaient leur part (65 fr.). C'était peu sans doute; mais il est bon de se rappeler les difficultés et l'aridité des commencements.

A ces concerts qui semblaient déjà entr'ouvrir les portes de la ville à l'étude de la musique vocale, avaient assisté M. Chevalier Olivier, maire, M. Millet, curé de la paroisse d'Argenteuil, M. Recappé, conseiller général, une partie du Conseil municipal et plusieurs notabilités du pays. C'était aussi, on le voit, le protectorat qui commençait :

Ces concerts eurent encore un résultat plus important; ils excitèrent quelques jeunes gens du pays à se livrer à l'étude de la musique.

En 1847, M. Lambert réunit une vingtaine de ces jeunes gens dans une salle prêtée par M. Terrier; bientôt cette salle devint trop petite. M. l'abbé Millet en offrit gracieusement une plus grande au presbytère, et MM. L. Lepage et Terrier aîné devinrent ses deux premiers moniteurs-généraux.

Plus de quatre-vingts adultes suivirent ces cours gratuits, que vint plusieurs fois visiter M. Hubert, inspecteur-général des Écoles de chant de la ville de Paris, et enfin, en 1848, M. Lambert ayant ouvert un établissement d'instruction, les cours eurent lieu dans sa classe. Trois fois par semaine, et toujours en dehors des classes ou des travaux du jour, les élèves se réunissaient et étudiaient avec ardeur, et quatre concerts furent donnés par les trois divisions réunies (adultes, jeunes filles et jeunes garçons).

Les deux premières de ces soirées musicales offertes dans un des salons de M. Clémancy, rapportèrent 75 francs pour les pauvres et les deux autres, donnés dans une salle dite de la Fabrique, rue de Lévêque, produisirent une somme de 290 francs.

Prêtant encore son concours aux solennités religieuses, l'Orphéon chantait, tant à Argenteuil qu'aux environs, plusieurs messes en musique.

IV

Nous sommes en 1848. Voilà que sur tous les points de la France la Révolution de Février reçoit son contre-coup; l'élan populaire a soulevé les masses; la rapidité du succès a étonné tous les esprits!

Les nouvelles arrivent de Paris à toute heure, à chaque instant, rapides, nombreuses, merveilleuses! . . .

Sur toutes les places de la capitale, à tous ses carrefours s'élèvent des arbres de liberté, éphémères emblêmes — peut-être inexactes traductions — de l'espérance générale!

Pourquoi donc Argenteuil n'aurait-il pas son arbre de Liberté?

Et, de suite, une Fête patriotique s'organise; on plantera l'arbre populaire!

C'est alors que l'Orphéon rehaussera par ses chœurs patriotiques l'éclat des pompes nationales; c'est alors que, par sa solide organisation, il rendra d'immenses services à la cause de l'ordre, et que, semblable au chantre de l'antique Lacédémone, le divin Terpandre, il aura le bonheur, par ses chants inspirés de la situation, d'empêcher l'effusion du sang ou du moins d'arrêter la discorde parmi ses concitoyens.

Et que l'on ne prenne pas cette assertion pour une métaphore fantaisiste ; le fait qui va suivre, et dont la place est certainement dans l'Histoire de l'Orphéon d'Argenteuil, en prouvera sinon l'à-propos, au moins l'exactitude !...

Sur un des quinconces de la ville appelé le Champ-de-Mars, devait solennellement être planté un arbre de Liberté. Des estrades s'élevaient de chaque côté et présentaient des tribunes ménagées pour les Autorités et pour l'Orphéon.

Au jour dit, un spectacle vraiment curieux, rendu encore plus charmant par l'éclat d'un soleil resplendissant, vient s'offrir aux regards de la foule empressée.

Des jeunes filles en robes blanches, ornées de ceintures aux couleurs nationales, vont prendre place sur une des estrades ; sur l'autre sont les jeunes gens endimanchés.

La cérémonie commence.

Les chants ouvrent la Fête; les discours viennent ensuite et le clergé bénit l'arbre au milieu d'un silence recueilli.

Jusque là tout s'était passé avec cet enthousiasme qui n'exclut pas l'ordre, et qui, au contraire, devient le corollaire et la force de tout entraînement populaire. On se promettait pour l'avenir une ère de prospérité et de bonheur...

Les autorités municipales et le clergé s'étaient retirés; les orphéonistes allaient se réunir au restaurant du *Soleil d'Or*, voisin de la Fête, quand un incident, qui pouvait avoir les suites les plus graves, vint à se produire.

Sur l'emplacement du Champ-de-Mars, la foule se livrait à la joie; çà et là éclataient les coups de fusil; en France, la gaieté est un peu bruyante... Parmi ceux qui manifestaient ainsi leur satisfaction, se trouvait un habitant d'Argenteuil, qui fit le pari de couper, à l'aide d'une balle de fusil, la corde qui retenait l'oriflamme au sommet de l'arbre.

On ne peut attacher, même aujourd'hui, une arrière-pensée à cette action irréfléchie. Quoi qu'il en soit, le coup partit ; la corde resta intacte ; mais l'arbre atteint dans ses branches les plus hautes, meurtri, blessé, vit bientôt, devant un effort de la brise, sa tête tomber et s'accomplir l'œuvre liberticide.

Ce fut alors un concert de vociférations inouïes; quiconque a assisté dans sa vie au spectacle du revirement des opinions populaires pourra s'en rendre facilement compte : c'était incroyable, impie même; c'était un crime de lèse-nation ; on ne parlait rien moins que de mettre à mort le malencontreux tireur, et peut-être l'effet allait-il suivre la menace !

Le directeur de l'Orphéon, M. Lambert, voit ce désordre; il s'élance sur l'estrade, entouré de ses élèves qui ont pu le suivre. Il cherche à apaiser la foule par quelques paroles à peine écoutées. Il obtient seulement des plus exaltés qu'ils l'accompagneront à la Mairie où le Conseil est encore réuni.

M. J.-J. Collas, Maire d'Argenteuil à cette époque, ne pouvant s'engager, comme magistrat, à satisfaire des exigences ridicules, prie M. Lambert de faire tous ses efforts pour apaiser le tumulte, et d'opérer, s'il se peut, une diversion dans l'esprit de la foule,

Le directeur de l'Orphéon fait assembler ses élèves; il essaie encore quelques paroles de conciliation qui vont se perdre dans le bruit; mais, sur un signe, les orphéonistes l'ont compris; les chants les plus populaires éclatent, montent, montent et couvrent la voix des dissidents; on écoute, d'abord peu à peu, et puis, emporté par le rhythme patriotique, on se mêle aux chanteurs; — qu'on nous passe le mot; — on fait *chorus*, et l'arbre est oublié.

Il n'était encore que deux heures de l'après-midi; on pouvait craindre que le revirement si rapide qui venait d'être obtenu ne se produisît de nouveau, surtout dans le sens inverse; il fallait au moins gagner du temps.

M. Lambert propose une promenade patriotique dans les rues de la ville; les champs recommencent et l'on ne retourne au Champ-de-Mars que vers la fin du jour.

Au nom de l'Orphéon, une pièce de vin est achetée; le vigneron qui l'amène sur la charrette, la remmène vide dix minutes après, et l'on chante toujours, sans cesse!

N'était-ce pas déjà le cas de répéter le mot de Beaumarchais : *Tout finit par des chansons!*

Ce n'est pas tout encore, il fallait, au gré des orphéonistes et de leur directeur, que cette journée, consacrée à une fête, et qu'un incident fatal avait détournée de son programme, y revint tout entière. M. Lambert convie la population à un bal champêtre. Des cordes sont tendues d'arbre en arbre, les quinquets s'allument comme par enchantement, et TOUS viennent, les uns par plaisir, les autres un peu par *curiosité* (est-ce bien le mot?); les musiciens sont sur l'estrade. Citoyens et citoyennes se mêlent, se rapprochent, s'enlacent; la gaieté et le plaisir sont partout, et peut-être, bal préparé à l'avance et longuement ordonnancé, ne produisit jamais pareil entrain et accord plus parfait.

Le lendemain une quête est faite pour les pauvres, suivie d'un déjeuner en plein air, présidé par le directeur de l'Orphéon. Les autorités le visitent, on se serre la main ; le mauvais vouloir, si tenace dans les petites villes, disparaît complétement, et l'accident de la veille est tout-à-fait oublié.

Nous n'aurions pas raconté cette anecdote aussi longuement, si nous n'avions eu à remarquer, tant que dura cette scène fâcheuse et qu'on eût à craindre ses conséquences, le bon vouloir, l'entrain et l'intelligence des orphéonistes et de leur directeur.

Au fond de cet incident, sans portée apparente aujourd'hui, existait certainement la crainte des désordres et des dangers imprévus, et le premier magistrat du pays, M. J.-J. Collas, l'avait bien compris, quand il écrivait à ce sujet à M. Lambert et à ses élèves, les phrases suivantes :

« ... Soyez convaincus que je n'oublierai jamais que c'est à votre concours intelligent et à l'heureuse diversion que vous avez faite que j'ai dû l'issue d'une affaire que je ne veux pas ici rappeler d'une manière trop précise ; mais qui, sans le sang-froid et l'activité du corps que vous dirigez, pouvait avoir des résultats fâcheux.

» En toute circonstance je tiendrai à honneur de mériter l'estime des honnêtes gens, et de ceux surtout qui, comme vous, savent allier le courage et l'ardeur du patriotisme à la modération qui conviennt aux véritables amis du pays... »

De plus, M. J.-J. Collas ne voulut pas que l'Orphéon supportât tous les frais de cette fête... nous allions dire IMPROVISÉE.

Bientôt après on réorganisa la garde nationale à Argenteuil.

Trente orphéonistes et quinze personnes choisies en dehors de la Société chorale formèrent une musique d'harmonie pour le bataillon. M. Lambert fut élu chef avec le grade de sous-lieutenant et, pour récompenser ses services, M. Dulong, commandant, lui donna le rang de lieutenant.

Après trois mois d'études instrumentales, cette musique jouait en tête du bataillon.

Dans maintes circonstances, elle reçut les félicitations des Autorités ; entr'autres à l'inauguration du chemin de fer d'Argenteuil, (28 avril 1851), où, à un banquet officiel présidé par M. le comte de Saint-Marsault, préfet de Seine-et-Oise, elle jouait alternativement avec une musique de la ligne composée de 70 musiciens. M. le Préfet fit appeler M. Lambert et le félicita vivement en l'assurant que son corps de musique lui avait fait le même plaisir que celui de la ligne, où se comptaient beaucoup d'artistes. Cette musique donna aussi plusieurs concerts, entr'autres celui de la salle de la Fabrique ; qui produisit pour les pauvres la somme de 386 francs.

La dissolution de la garde nationale amena celle de la musique, et l'Orphéon, privé bientôt du stimulant des concours, ne lui survécut que peu de temps.

Ainsi donc la politique, cette grande et sèche égoïste, avait, terrible dans ses suites, amené dans sa route beaucoup de naufrages artistiques. Mais des épaves surgissaient çà et là, qui ne devaient pas tout-à-fait périr et — ainsi procèdent les choses humaines — enfanter de nouvelles ou rénover d'anciennes créations, rapprocher les membres épars des sociétés, les réunir et leur donner une existence qui, basée sur l'expérience, serait pour elles plus vivace et plus certaine.

V

La période qui va s'ouvrir pour l'Orphéon d'Argenteuil est celle de sa réorganisation, de son existence normale et de ses nombreux succès. Nous n'aurions donc pour terminer notre tâche qu'à faire un travail de statistique, si nous n'aimions mieux le suivre pas à pas dans ses études.

C'est d'après l'impulsion donnée par la circulaire de M. le comte de Saint-Marsault, préfet de Seine-et-Oise, en date du 27 avril 1857, que se réorganisèrent dans le département plusieurs Sociétés chorales.

M. Lambert, qui avait employé à des leçons gratuites d'instruction toutes les saisons qui s'étaient écoulées depuis la dissolution de son Orphéon, se trouva en mesure de rouvrir le cours gratuit de musique vocale en novembre de la même année, de reformer une nouvelle Société au mois de février suivant, qui débuta au concours de Versailles, le 28 août 1858.

A ce même concours chantèrent aussi les enfants de son institution primaire; ils y obtinrent un deuxième prix dans la première division; mais, malgré leurs succès continuels (1), la gratuité de leur enseignement et même les études prises en dehors des classes, cet Orphéon des enfants dut cesser devant l'indifférence des parents.

C'était là une chose fâcheuse, et dont les conséquences eussent été bien graves; il était facile de comprendre que faute des éléments sérieux que présentait l'instruction musicale des enfants pour raviver à chaque instant la Société orphéonique, il fallait s'attendre à voir périr cette belle institution, et de nouveau l'Allemagne rester reine et maîtresse sous le rapport musical.

La nouvelle circulaire de M. Duruy, ministre de l'instruction publique, en faisant espérer l'introduction obligatoire et prochaine dans les écoles primaires de l'étude de la musique, a écarté ce danger et engagé tout d'abord les instituteurs à établir cet enseignement.

M. Lambert recréa de nouveau cet Orphéon en 1866; nous aurons l'occasion d'y revenir plus tard.

Les études continuèrent pour l'Orphéon d'Argenteuil rapides et heureuses. De tous côtés, dans les concours départementaux comme dans les concours généraux, à Fontainebleau, à Saint-Denis, à Château-Thierry, à Meaux, à Dieppe, à Rouen, à Choisy-le-Roi, à Vincennes, il emporta des prix qui vinrent orner sa magnifique bannière.

Et cette bannière, fière à bon droit de son point de départ, puisqu'elle est le fruit d'une souscription de la commune, qui a donné 400 francs, et des habitants qui en offrirent 500, est si

---

(1) Nous donnons à la fin de cette brochure et pour ne pas fatiguer l'attention du lecteur, la série des concours généraux et départementaux auxquels l'Orphéon d'Argenteuil (adultes et enfants) a pris part, ainsi que les récompenses qu'il y a obtenues.

bien placée, si parfaitement soutenue, qu'elle porte comme un trophée passé et comme une espérance pour l'avenir, les trente-deux médailles qui la constellent et font un auréole d'or et d'argent à sa lyre, son glorieux emblème ! (1)

Nous ne pouvons, au milieu de ces triomphes, passer sous silence quelques dates chères à bon droit à nos concitoyens : c'est d'abord le succès emporté par les deux sections de l'Orphéon d'Argenteuil au concours de Saint-Denis, ouvert le 2 octobre 1859, sous les auspices du Conseil municipal, où elles obtinrent deux premiers prix malgré le nombre et la capacité des Sociétés concurrentes.

Voici comment s'exprime, à ce sujet, M. Auguste Luchet, dans une lettre adressée à M. Havin, directeur politique du *Siècle* :

» .... Les enfants sont charmants : ils y mettent un feu, un élan tout-à-fait vainqueurs. Dans le chœur des soldats de *Sarah*, ceux d'Argenteuil ont battu leurs aînés. Voilà pourtant des musiciens qui poussent, et les voix de ce pays vaudront peut-être mieux que le vin. Un, pourtant, délicieux gamin de six ans, oubliait parfois sa partie pour regarder toutes ces choses qu'il n'avait jamais vues : le théâtre, la salle, les loges, le jury, les belles dames, le lustre surtout, allumé en plein midi ! Mais son voisin, un sage, lui faisait signe du pied ou du poing, et le petit repartait sans faute, comme un maître !..... »

Au concours du 23 juin 1861, M. Lambert reçut des mains de M. le comte de Saint-Marsault, préfet, une médaille d'or votée par la Commission départementale.

M. Morin, professeur au Conservatoire de musique et de déclamation, dit, le soir, au banquet officiel, une pièce de vers en l'honneur des Sociétés chorales. Une strophe s'y trouve en l'honneur des professeurs récompensés, savante et charmante. Ne pas la rappeler ici serait impardonnable :

---

(1) La statuette de Sainte-Cécile, qui est placée à la hampe, est due au talent et à la générosité de M. Hallard, jeune statuaire plein d'avenir.

Apparaissez tous deux, maîtres, que chaque élève
Sur le pavois d'honneur vous porte et vous élève.
D'âme et de cœur je fais cette libation !
Je verse donc ce vin, selon l'usage antique,
A nos dieux protecteurs du foyer domestique,
Pour Lambert et pour Mansion (1).

D'un autre côté, le *Journal d'Argenteuil* écrit à l'égard du concours de Rueil :

« Dimanche dernier, 21 mai 1865, a eu lieu à Rueil, dans quatre salles différentes le concours départemental des Orphéons de Seine-et-Oise.

» Dès le matin la ville avait pris un air de fête ; des drapeaux ornaient toutes les fenêtres, des mâts vénitiens étaient chargés de banderolles ; l'église, la mairie, la salle de spectacle et les emplacements destinés au concours étaient richement pavoisés. C'était en effet saisissant de voir se succéder tous les Orphéons avec leurs bannières étincelantes de broderies et de médailles.

» La distribution des récompenses a eu lieu à cinq heures ; elle a été précédée d'un discours de M. le Maire de Rueil, d'une allocution de M. de Delmas, conseiller de préfecture, délégué de M. le Préfet, et de quelques paroles de M. l'inspecteur des Orphéons.

» Voici la liste des récompenses remportées par les Orphéons du canton d'Argenteuil.

» Orphéon de Cormeilles, directeur M. Blanquet : 1er prix, 3e division.

» Orphéon de Sannois, directeur, M. Lambert : 1er prix, 3e division, 2e section.

» Orphéon d'Argenteuil, directeur, M. Lambert : 1er prix (médaille d'or, donnée par M. le baron Caruel de Saint-Martin), 1re division, 1re section.

(1) Le même jour, M. Mansion, directeur de l'Orphéon de Saint-Germain, recevait une médaille en vermeil.

» Comme on le voit, Argenteuil ne s'est pas démenti. Cette récompense couronne ses succès si fréquents et son orphéon passe dès ce jour en division supérieure.

» Nous sommes heureux de pouvoir reproduire une lettre écrite à ce sujet par M. Touzelin, maire d'Argenteuil, à M. Lambert, directeur de l'Orphéon.

« Mon cher Directeur,

» Avec un chef comme vous et de bons soldats comme les vôtres,
» on est presque certain du succès. Vous nous avez habitué de vous
» voir remporter la victoire, et quand je sais que vous allez com-
» battre, je suis assuré que vous allez vaincre. Quoique persuadé
» que j'étais du résultat, je n'en suis pas moins satisfait d'en rece-
» voir la confirmation par votre gracieuse lettre.

» Agréez, je vous prie, mon cher Directeur, ainsi que vos dévoués
» et intelligents orphéonistes, mes bien sincères félicitations, et croyez
» au vif intérêt que je ne cesserai jamais de porter à notre
» Orphéon.

» 23 mai 1865.

» TOUZELIN, *maire.* »

Nous nous sommes promis de suivre pas à pas dans sa carrière l'Orphéon d'Argenteuil, et si nous avons un peu interverti les dates, c'est que nous avons voulu ôter à notre travail la sécheresse de la statistique. Nous reviendrons sur nos pas sans trop nous soucier de l'ordre chronologique, entraînés par le courant d'idées où telle de ses actions ou de ses victoires nous aura engagés.

L'Orphéon de 1846 n'avait suivi que la méthode Wilhem, celui de 1857 s'inspira de celle de Galin-Paris-Chevé, et son directeur étudia lui-même pendant trois mois au cours de l'École-de-Médecine.

M. Chevé fit connaître cette nouvelle et importante recrue dans son numéro de la *Réforme musicale* du 13 décembre 1857.

Plus tard, l'Orphéon d'Argenteuil et son Directeur, tout en tenant compte de l'extrême facilité de la nouvelle méthode, se virent obligés de revenir à l'ancienne, les éditeurs rejetant les chœurs en chiffres, et le temps manquant pour faire des copies à la main.

Néanmoins, le premier concert de l'école d'Argenteuil, annoncé par la *Réforme musicale*, eut lieu le 20 juin 1858, et M. E. Chevé y consacra une page de ce journal :

« ..... Enfants seuls, hommes seuls, hommes et enfants réunis, y lisons-nous, tous ont bien marché. M. Lambert peut être fier de son résultat, et ses élèves doivent être bien heureux d'avoir si bien répondu aux soins de leur bon maître... »

On le voit : le premier pas avait été heureux ; le journal la *Concorde* de Seine-et-Oise, l'annonçait à son tour le 4 juillet suivant.

Nous serons obligés dans le courant de ce chapitre de faire de fréquents emprunts à différents journaux, l'histoire des concours orphéoniques ne s'inscrivant que là jusqu'à ce jour. Le lecteur y remarquera comme nous l'accueil unanime qui a salué notre Orphéon dès ses débuts.

Le 26 août 1858, le *Journal de Versailles* s'exprimait ainsi :

« ..... Quant à Argenteuil, dame ! il nous faudrait puiser dans notre Bescherelle les expressions les plus élogieuses, les adjectifs les plus étincelants pour donner une idée de la perfection qu'il atteint... »

L'année 1858 ne pouvait se clore sans couronner dignement d'aussi brillants résultats. La Sainte-Cécile en donna l'occasion et, au banquet qui suivit le concert, dans un toast porté à l'Empereur, par M. Touzelin, maire d'Argenteuil, nous avons noté des phrases qui rappelaient le souvenir agréable du concours de Versailles et l'espérance d'une magnifique bannière pour laquelle la commune avait voté une somme importante :

« Vous savez tous, Messieurs, la place que notre Orphéon communal a occupée au concours, les récompenses qu'il y a méritées. Les résultats ont dépassé même nos espérances. Il a fallu, à côté des efforts de tous les élèves, le zèle, l'abnégation, le dévouement complet de M. Lambert, son directeur, pour obtenir dans une première lutte de si beaux lauriers. Qu'il en reçoive ici nos vifs remerciements.

» Nous pouvons être tranquilles maintenant sur l'avenir de cet Orphéon; son passé l'engage. Il saura, j'en suis convaincu, maintenir et peut-être encore élever la bannière que ses concitoyens vont lui confier. »

Le lundi 24 janvier de l'année suivante, l'église d'Argenteuil n'avait pas assez de place pour contenir la foule qui se pressait afin d'entendre la messe chantée par l'Orphéon tout entier, à l'occasion de la bénédiction de cette bannière.

L'hymne à la Vierge, de M. Alexandre Lemoine, d'un très-beau caractère religieux, dite avec un ensemble et un goût parfaits, a été surtout remarquée.

Trois semaines après, à peine le temps nécessaire aux études, les orphéonistes remerciaient les souscripteurs de la bannière par un nouveau concert. C'est à propos de cette cérémonie que le *Journal de Versailles* du 24 février écrivait ces réflexions si vraies :

« ..... M. Lambert est un homme qui comprend non-seulement toute l'importance, mais encore, ceci est bien rare, tous les périls de sa mission. Il sait que la propagation des études musicales, dans toutes les classes de la société, est un des plus puissants éléments de civilisation ; il sait que ces nobles études arrachent les masses aux plaisirs qui les énervent et les abrutissent ; mais il sait aussi que l'orgueil, avec toutes les illusions qu'il fait naître, vient trop souvent mettre le mal à côté du bien ; il a vu des ouvriers se croire artistes, parce qu'ils étaient arrivés à ne plus chanter faux, et se dégoûter de leur travail, parce qu'ils pouvaient charmer leurs loisirs..... Il connaît le danger, la séduction et le précipice, et il est sincère avec tous, pour que nul ne soit abusé... »

Ce sont là de belles et sages paroles, qui font honneur au directeur de l'Orphéon d'Argenteuil. Le même journal ajoute :

« Les enfants sont plus humbles, et voilà pourquoi leur initiation est si heureuse entre ses mains. L'enfant, sauf exception, ne se croit pas un virtuose, parce qu'il donne un son pur ; il vise à l'unisson, à l'harmonie, au plein accord, sans penser à trancher sur la masse et à concentrer l'attention sur lui. C'est là le bon esprit des orphéons, celui qui leur assure un avenir brillant et salutaire. C'est là la voie dans laquelle il faut faire entrer, et s'il se peut, maintenir les masses qui naissent, pour ainsi dire, au monde musical. C'est dans ce sentiment qu'elles y trouveront des éléments de dignité intérieure et extérieure, et, enfin, de véritable fraternité, et non pas des causes d'illusion et des motifs de vanité. »

Le jour de Pâques de la même année, nouvelle messe en musique par les orphéonistes, fort suivie et goûtée.

Au concours de Fontainebleau, l'Orphéon d'Argenteuil obtint de nouveaux succès, et les journaux l'*Orphéon* et l'*Opinion nationale* lui donnèrent un juste tribut d'éloges, à cette occasion, ainsi qu'à celle du concert donné chez M. Joly, constructeur, concert où les élèves lurent à première vue, et firent des exercices improvisés d'intonation et d'harmonie.

M. Aimé Paris, l'un des auteurs de la musique chiffrée, écrivit le 14 septembre 1859 une longue lettre très-louangeuse qui fut insérée dans la *Réforme musicale* du 25.

Nous voici arrivés au fameux concours de Saint-Denis, qui fut si glorieux pour l'Orphéon d'Argenteuil, et sur lequel nous avons rapporté un fragment d'un spirituel article de M. A. Luchet, adressé au directeur du *Siècle*, le 11 octobre 1859. En extrayant le passage saillant relatif à nos jeunes concitoyens, nous nous sommes promis de puiser de nouveau dans cet article en vue d'autres observations musicales qui, certes, ne seront point déplacées dans une histoire orphéonique. Elles sont, du reste, émises avec tant d'esprit que c'est une bonne fortune de s'en souvenir :

« L'idée orphéonique va son chemin toujours, cher monsieur Havin. Les uns la poussent, elle pousse les autres. Le bien qu'on lui doit est grand.

» Béranger l'avait dit à son vieil ami Wilhem : « *L'art purifiera la guinguette.* » Déjà des chants nobles, élevés, tels que la *Marche des Orphéons*, le *Salut aux Chanteurs*, les *Soldats de l'Avenir*, ont remplacé les malsains *glouglous*, les acides *flonflons*, les équivoques *lonlas*; et si, comme le pense M. du Mersan, un savant de l'affaire, l'histoire de la chanson est en quelque sorte l'histoire de France, le temps que nous traversons n'aurait, à la rigueur, rien d'alarmant pour l'avenir, aujourd'hui étant partout la préface de demain. Avec le mot, le son aussi s'améliore; aux détonations assassines, qui du ventre des cabarets venaient prendre nos oreilles à la gorge, de beaux et sympathiques mariages de voix ont succédé, et font parfois que, dans la rue, le passant charmé s'arrête au lieu de fuir, pense et rêve au lieu se moquer. Car en aucun pays on ne chantait plus mal que chez nous, probablement, bien que nulle part peut-être on ne consommait plus de matière chantée!

« *Il sanctifiera l'atelier*, » ajoutait le poëte qui est mort, et je crois, monsieur, que c'est la vérité. « La chanson, a dit Brillat-Savarin, — un juge, maître à tout manger excepté les huîtres, — eut pour objet d'abord de célébrer Bacchus et ses dons, parce qu'alors boire du vin et en boire beaucoup était le seul degré d'exaltation gustuelle auquel on pût parvenir; puis, pour rompre la monotonie, on y associa l'amour.

» Le premier, l'Orphéon a chanté le *Travail*, les *Etudiants*, les *Forgerons*, les *Mineurs*, les *Moissonneurs*, les *Tailleurs de pierres*, les *Compagnons*, les *Maçons*, les *Charpentiers*, les *Meuniers*, les *Tisserands*, les *Fileurs*, tous les labeurs, poëme immense jadis ébauché par Pierre Dupont en des strophes qu'on ne trouve qu'une fois. Et le Travail, par reconnaissance, a fait de l'Orphéon sa poésie, son Opéra, son spectacle, le motif de ses fêtes, la parure et l'orchestre de ses solennités.

» Merci à ton ombre, Wilhem, pour cette divine métamorphose! Les soulagements que tu as créés couronnent et bénissent ton souvenir. Béranger te le disait, et les poëtes comme lui savent ce qu'ils disent:

Sur ta tombe, tu peux m'en croire,
Ceux dont tu charmas les douleurs
Offriront un jour à ta gloire
Des chants, des larmes et des fleurs.

On n'aura pas trouvé oiseuse, nous l'espérons, cette longue digression, surtout écrite par un maître en l'art de bien dire.

Le 15 avril 1860, le journal l'*Orphéon* écrit en tête de ses faits :

« L'Orphéon d'Argenteuil a chanté la grand'messe de Pâques, à Asnières ; les morceaux suivants ont été parfaitement exécutés : le *Kyrie* et un *Domine* de Poisson, un *Offertoire* de Peny, composé pour la Société, un *Salutaris* de l'abbé Roze, un *Agnus Dei* de d'Ingrande, composé aussi par l'Orphéon d'Argenteuil ; un *solo* chanté par trois enfants et a accompagné à bouche fermée par les hommes, a produit dans l'*Agnus Dei* beaucoup d'effet.

» L'Orphéon d'Argenteuil élève tous les jours le niveau de ses études et de ses actes de bienfaisance. Sous la direction qui lui est imprimée, il devient un des orphéons les plus intéressants et les plus sérieux de la grande association chorale française. »

En juillet 1860, nous retournons à Versailles : c'est encore un concours départemental.

Gais trouvères, et vous, pour qui le cœur tressaille,
Vos accents nulle part ne seront étrangers ;
Les palmes vous suivront partout comme.— Versaille
Jette à vos fronts la fleur de ses grands orangers.

« Les Orphéonistes d'Argenteuil, dit l'*Union de Seine-et-Oise*, sont restés dans la première division, ce qu'ils étaient dans les divisions inférieures : des chanteurs qui obéissent au chef et qui ainsi prennent le succès d'assaut. Le premier prix, une grande médaille en vermeil, leur a été offert.

Nous avons mentionné précédemment le concours de 1861, où MM. Lambert et Mansion reçurent : l'un, une médaille d'or, et l'autre, une de vermeil ; c'est à ce même concours que M. Barthe, maire de Versailles, en offrant, à leur arrivée, le vin d'honneur aux orphéonistes, a prononcé ces mots empreints d'une douce aménité :

« MESSIEURS,

» Soyez les bienvenus dans cette ville qui vous accueille avec joie. Elle décore ses rues et met ses habits de fête pour vous recevoir.

» Je ne sais si l'art que vous cultivez est le premier des arts, mais c'est celui de tous qui révèle le beau sous la forme la plus saisissante.

» Quand la musique se fait seule entendre, elle éveille ces grandes et nobles pensées, elle inspire ces sentiments énergiques ou touchants que la poésie a mission de traduire dans la langue des hommes.

» Quand la musique s'unit à la poésie, à elles deux, elles ravissent le monde. La musique humanise les cœurs les plus cruels, civilise les plus sauvages, éclaire les moins intelligents.

» A son éternel honneur, elle ne connaît pas la défaillance, et elle chante encore quand sa rivale se tait, épuisée ou découragée.

» Ce n'est pas son seul privilége. La musique n'a jamais flatté personne, et quand trop souvent la plume du poète réhabilite le crime, quand le pinceau du sculpteur, le burin du graveur essaient de relever ou d'ennoblir des figures vouées à la honte et à l'opprobre; elle, oiseau du ciel, plane dans les airs et ne salit point son aile au contact de nos boues terrestres.

» Vous êtes les organes de cet art divin. Aussi nos portes et nos cœurs s'ouvrent devant vous. Entrez : aujourd'hui les rangs sont confondus, l'empire est au plus digne.

Puis, au banquet, M. Barthe, chargé par la Commission départementale de porter un toast à l'administration municipale de Versailles, a dit ces remarquables paroles :

« La lutte, c'est la vie pour l'Orphéon : c'est elle qui révèle ses nobles et brillantes qualités, et j'arrive ainsi à la conclusion que vous attendez avec impatience.

» La lutte pour les Orphéons n'est pas possible sans les concours et les concours ne peuvent exister que là où l'on rencontre, comme à Versailles, des administrateurs et un Conseil municipal composé d'hommes éminents, protecteurs des arts, amis du progrès et dévoués aux besoins et aux vœux de la population.

« Au nom de la Commission départementale de Seine-et-Oise, au nom de tous les Orphéons qui sont ici représentés par leurs lauréats, je vous prie, Messieurs, d'accueillir le toast que je porte :

» A la ville de Versailles et à son Conseil municipal !

» A ses administrateurs qui, par leur brillante hospitalité, par leur bienveillante sympathie, assurent d'une manière si digne et si vraie l'avenir des Orphéons ! »

L'Orphéon d'Argenteuil ne voulut pas rester en arrière, et, en retardant de quelques jours la Fête de son directeur, il rendit le public témoin de sa reconnaissance ; car, le 20 juillet suivant, entre les deux parties du dixième concert donné à leurs membres honoraires, les chanteurs offrirent à leur professeur une médaille en vermeil à l'effigie de la Déesse des arts, et ayant pour inscription :

A M. LAMBERT, SON DIRECTEUR,
L'ORPHÉON D'ARGENTEUIL RECONNAISSANT.
15 JUILLET 1861.

En quelques paroles parties du fond du cœur, M. Lambert remercia ses élèves, leur déclara que cette démonstration était la plus belle récompense que pouvait envier un directeur, et témoigna de nouveau de son dévouement à la cause des Orphéons.

La patronne des musiciens fut dignement fêtée cette année de 1861, si féconde en événements glorieux pour notre Orphéon.

Voilà ce qu'écrivait un anonyme à l'*Industriel de Saint-Germain* du 7 décembre :

« N'en déplaise à ses sœurs du calendrier, sainte Cécile est certainement la plus aimable des patronnnes.

» Elle vient au mois de novembre, réveiller les imaginations que les premiers froids auraient pu engourdir : elle réunit en phalanges harmonieuses tous les musiciens et les sociétés orphéoniques qui propagent, avec tant de zèle et de succès, le goût des arts dans les classes ouvrières : honneur à sainte Cécile !

» L'orphéon d'Argenteuil a salué sa patronne avec un respectueux amour : concert, banquet, bal, tout était organisé d'avance pour célébrer dignement la Reine de la musique.

» M. Lambert, le directeur infatigable d'Argenteuil, avait convoqué pour une heure ses fidèles élèves. En présence d'un public, heureux de leurs succès, ils ont exécuté, à la satisfaction générale, les meilleurs morceaux de leur répertoire.

» Chaque nouveau concert vient constater les progrès des orphéonistes d'Argenteuil. Ils mettent un légitime amour-propre à justifier les dix-sept médailles qui décorent leur bannière, au milieu de laquelle une médaille de Londres figure avec honneur.

» Inutile de dire que les *Vignerons*, de Laurent de Rillé, ont été exécutés d'une manière brillante. Il ne pouvait en être autrement à Argenteuil, en dépit des détracteurs injustes du vignoble, son petit vin, comme on l'appelle, sait aussi inspirer des notes harmonieuses. »

Et les journaux de Paris disaient à ce sujet que, parmi les orphéons de Seine-et-Oise, il en était un qui se faisait remarquer par un travail continuel, des progrès incessants et dont le chef ardent, infatigable, ne reculait devant aucune difficulté.

Nous allons, si le lecteur le permet, et pour ne pas fatiguer son attention, sauter quelques années qui ont été remplies par de nouveaux succès, et pour lesquelles nous renvoyons à la Récapitulation des concours et récompenses placée à la fin de cette brochure, et nous arriverons d'emblée à juillet 1864, au concours de Mantes, où l'Orphéon d'Argenteuil obtenait le 1er prix, 1re division, 1re section (magnifique médaille d'or donnée par M. Maurice Richard, député.

A ce concours, le Préfet de Seine-et-Oise, M. le comte de Saint-Marsault, a prononcé avant la distribution des prix un discours fort goûté et fort applaudi, et dont voici quelques fragments :

« Messieurs,

» L'institution des Orphéons en France doit sa création à une pensée éminemment sociale ; l'Etat, les départements et les villes en ont compris toute l'importance, toute la grandeur, aussi l'encouragent-ils partout avec une intelligente sympathie. — Ils ont compris qu'on ne saurait trop honorer une institution qui s'attache à adoucir les mœurs, à épurer le goût et à remplacer des jouissances souvent grossières et l'oisiveté, qui dégradent l'intelligence et énervent le cœur, par l'étude d'une science qui élève l'âme et fait pénétrer dans les esprits, même les moins cultivés, le sentiment du beau et de la poésie.

» Dans un département aussi éclairé que le nôtre, Messieurs, où les populations laborieuses ont si entièrement le sentiment de leur dignité, cette distraction élevée de l'intelligence, qui ennoblit et charme le temps du repos, après les rudes labeurs de la journée, devait être accueillie avec faveur. — Aussi, voyons-nous nos Orphéons se développer et se régulariser de plus en plus. — L'appui du Conseil général, celui des hommes éclairés, en si grand nombre autour de nous, qui est toujours assuré aux idées fécondes de civilisation et de sages progrès, garantissent à ces précieux établissements d'éducation et de plaisirs populaires, un avenir digne du but moralisateur qu'ils poursuivent. »

Au 21 mai 1865 eut lieu le concours de Rueil, que nous avons mentionné plus haut, où l'Orphéon d'Argenteuil se surpassa et obtint la médaille d'or donnée par M. le baron Caruel de Saint-Martin, et l'*Orphéon illustré* disait en parlant de M. Lambert :

« ..... De nul citoyen recommandable on ne pourra dire plus, qu'il est le fils de ses œuvres; il s'éleve seul par ces deux qualités que nous lui reconnaissons tout d'abord : la persistance et le travail... »

Par suite des prix obtenus aux concours de 1864 et 1865, l'Orphéon d'Argenteuil est entré en division supérieure et se trouve ainsi le troisième Orphéon du département de Seine-et-Oise, après avoir obtenu un 3e prix au concours de Saint-Cloud du 6 mai 1866.

Enfin, à propos du XXIXe concert de l'Orphéon, où une quête était faite au profit des pauvres de la ville, le *Journal d'Argenteuil* s'exprimait ainsi :

« ..... Le concert de dimanche été court et bon, deux choses qui se valent par un temps sénégalien... Il est nécessaire de ne pas oublier que dans notre temps, puisque la symphonie n'est plus inspirée que par l'étendue de l'instrument et que le violon, suivant l'énergique expression de Diderot, n'est plus que le singe du chanteur, il faut que le *chant*, le chant seul soit l'expression de la belle et bonne musique. La voie humaine n'est-elle pas l'arcane sacrée où sont et seront toujours les grandes vérités musicales. »

Nous ne multiplierons pas davantage les preuves de sympathie données aux orphéonistes de notre ville et à leur vaillant directeur, nous allons envisager l'institution orphéonique sous un autre point de vue.

VI

Dans un rapport adressé à M. Aubry, maire, président du comité local de l'Orphéon d'Argenteuil, et cela conformément à la circulaire de la commission départementale des Orphéons de Seine-et-Oise, M. Lambert expose la situation et les travaux de la Société pendant le cours de l'année.

Une chose surtout nous a frappés dans ce rapport, c'est d'y voir la préoccupation constante de l'Orphéon à venir en aide aux infortunes et aux calamités de toute nature.

Le 14 août il participe à une fête de bienfaisance à Cormeilles; quant aux deux concerts qu'il donne à ses membres honoraires : dans l'un il chante au profit des incendiés de La Villette, dans l'autre c'est pour venir au secours des inondés.

En même temps, faisant acte de bonne confraternité, il envoie un secours aux orphéonistes de Bourg-en-Valence.

Et ce ne sont pas là des faits isolés; l'histoire de notre Orphéon est remplie de faits semblables, et l'on trouve à chaque page autant de bienfaits que de concerts.

Une fois, ce sera pour les chrétiens d'Orient, une autre fois, il viendra au secours des ouvriers cotonniers.

Aujourd'hui, pour réparer les ravages de l'inondation, hier pour relever ce qu'a détruit l'incendie.

N'est-ce pas là un titre à la gratitude de nos concitoyens?

Qu'on suppose un instant notre Orphéon disparu; sans doute la bienfaisance publique n'en serait pas éteinte; mais serait-elle aussi souvent provoquée et provoquée aussi facilement? Quand le plaisir est dans nous, le cœur est plus accessible.

La musique est une enchanteresse qui sait frapper nos sens pour descendre jusqu'à notre âme, et c'est un de ses plus beaux priviléges que de pouvoir adoucir les mœurs et de les rendre sympathiques envers l'infortune.

Les cœurs sont bien près de s'entendre
Quand les voix ont fraternisé.

La somme totale donnée en œuvres de bienfaisance et de gratitude par l'Orphéon d'Argenteuil est relativement considérable; elle est de 2,000 fr. au moins.

De tels résultats ne pouvaient rester ignorés et provoquaient nécessairement l'appui des conseils municipaux qui se sont succédés depuis sa création, ainsi que des magistrats qui étaient à leur tête.

Aussi, pas un ne lui a fait défaut; tour à tour MM. Chevalier Olivier, Récappé, J.-J. Collas, Touzelin, ont protégé l'Orphéon, et aujourd'hui ; M. Aubry ne lui est pas moins dévoué que ses prédécesseurs.

L'exemple a été suivi par un grand nombre de nos concitoyens, et 115 membres honoraires font aujourd'hui à notre Société chorale une rente de 690 fr., augmentée encore d'une subvention annuelle de 200 fr. votée par la commune.

Les orphéonistes n'ont aucuns frais à supporter : les voyages, aux concours, sont payés par la caisse ; la salle d'études, le matériel et les leçons sont donnés gratuitement par le directeur.

Pour se rendre dignes d'une telle sympathie, les orphéonistes ont su se plier aux sévérités d'un Règlement qui est suivi régulièrement, et, jusqu'ici, les amendes ont été insignifiantes. De plus ils ont compris qu'il fallait faire de la propagande dans l'intérêt de l'œuvre ; ils ont donné douze concerts et chanté des messes dans les communes environnantes, pour faire naître le goût de la musique : leurs efforts ont été couronnés de succès, et sept orphéons ont surgi tout à coup.

Deux n'ont pu se constituer ; il est vrai ; deux autres ont cessé après des succès ; mais trois sont restés et sont en pleine prospérité. Dans celui de Sannois, M. Lambert est resté directeur (1).

Ce n'est pas tout encore — quoique ce soit beaucoup — d'obtenir ainsi de ses auditeurs une sympathie, notre Orphéon s'est donné la mission de venir en aide à toute Société se créant dans la cité, et même au dehors, dans un rayon quelquefois éloigné.

Ici nous le voyons assister à la distribution des prix de l'Association polytechnique, qui lui décerne une médaille de vermeil ; à quelques pas de nous, dans la commune de Colombes, à la fondation d'une bibliothèque, où M. Garbet, l'adjoint au maire, adresse au directeur, ces flatteuses paroles :

« Cher monsieur Lambert, » a dit M. Garbet, au moment où

(1) L'Orphéon de Sannois, créé en 1862, prend part de 1863 à 1866 à onze concours, et remporte neuf prix dont six premiers. Cet Orphéon suit le règlement de l'Orphéon d'Argenteuil.

ses élèves l'entouraient pour chanter le dernier chœur, « recevez » par ma voix les remerciments de notre commune et de la So- » ciété de Secours mutuels. Recevez aussi nos sincères félicitations » pour la brillante exécution des différents morceaux que vous venez » de nous faire entendre : nuances, justesse, ensemble, sûreté de » ton, telles sont les précieuses qualités de la Société chorale que » vous dirigez si savamment. Un tel succès obtenu prouve votre » talent, Monsieur, le zèle de vos élèves et votre amour pour » l'œuvre de l'Orphéon !

» Œuvre admirable dans son principe et dans ses résultats. — » Je ne répéterai pas ici tout ce qui a été dit sur ce puissant » élément de moralisation, mais je puis dire que le grand art des » Mozart, des Rossini, des Félicien David et de toute la pléiade » des grands inspirés du génie de la musique, élève la pensée de » l'homme en l'épurant, surtout lorsqu'il vient, comme dans cette » circonstance, prêter son appui à une œuvre de progrès et de » charité éclairée. »

Remplie de reconnaissance pour le célèbre fondateur de l'Orphéon, la Société chorale d'Argenteuil a voté une somme de 50 francs pour coopérer à l'érection d'une statue de B. Wilhem, concourant à l'ornementation du monument que la Ville de Paris va élever à l'Orphéon, place du Château-d'Eau.

Et une même somme de 50 francs pour le monument funèbre destiné à recevoir les cendres de E. Chevé et A. Paris, les chefs de l'école du chiffre.

Bien que différents sur les moyens d'exécution, E. Chevé et A. Paris ont fait progresser l'institution fondée par Wilhem, et ont nécessairement droit à la reconnaissance de ceux qui savent apprécier les efforts des hommes de cœur.

VII

Il serait difficile de constater aujourd'hui l'effet moral produit en France depuis une vingtaine d'années, par la propagation du goût de la musique, car cet effet va grandissant chaque jour.

Cette réaction de l'idéal contre la matière, de l'art contre la force, qui s'est opérée tout-à-coup dans les idées, sera peut-être l'événement le plus important à enregistrer dans l'histoire de notre siècle, qui pourtant en contient de bien merveilleux.

Ce que la politique, ce que le génie militaire, ce que la philosophie même n'avaient pu faire sera-t-il le fruit de l'étude de la musique ?

Cette harmonie, de fait dans son essence, deviendra-t-elle le lien qui doit unir les Sociétés différentes, et cet accord de la voix, emblême si pacifique de la vie de famille, n'est-il que le prélude de la grande famille des peuples s'abritant sous une même harmonie de fraternité et d'amour ?

Et vraiment on serait tenté de le croire !

Voyez avec quel enthousiasme sont accueillies partout et toujours ces jeunes Orphéons, convergeant de tant de points divers là où les appellent les différentes patries.

Rien ne saurait dépeindre l'entrain fraternel qui les reçoit, comme rien ne saurait arrêter ces chevaliers de nos jours qui ont pour arme la parole mélodieuse et pour devise l'harmonie.

Les voilà portant, semant, propageant la gloire de la mère-patrie; et, bardes nouveaux mais non pas isolés, forts de leur ensemble, unis, la main dans la main, la persuasion aux lèvres, ils viennent raconter les hauts faits que pourra bien enregistrer l'histoire, mais qu'elle sera impuissante à faire pénétrer comme eux dans le plus profond des cœurs.

Courage! orphéonistes, courage! votre tâche est belle; elle est le reflet de cette pensée chevaleresque du moyen-âge qui s'en allait bataillant partout et toujours pour l'honneur des belles et de la France.

Mais vous, plus heureux que vos devanciers, vous êtes les soldats du progrès, et, sur votre bannière, au milieu des étoiles scintillantes — douces victoires et brillants souvenirs — nous avons vu briller la lyre d'or, symbole de la concorde et de l'harmonie.

« L'amour est plus fort que la guerre! » a dit un de nos poëtes les plus aimés.

Rappelez-vous toujours ces belles paroles de la *Nouvelle alliance* que tous vous savez et sur lesquelles Halévy, le grand maître, avait mis toute son âme et toute sa science!

Oui, tu nous les rendras, ô divine harmonie!
Ces grands siècles de l'art et du génie.
Oui, tu relèveras le courage et la foi;
Messagère de paix, ta cohorte lyrique
Traversera les monts, les déserts, l'Atlantique,
Et les peuples charmés seront unis par toi.

J.-F. VAUDIN.

L'Orphéon d'Argenteuil est dans l'usage de donner deux concerts par an à ses membres honoraires, l'un en juin, l'autre en novembre.

Ce dernier est à l'occasion de la Sainte-Cécile. Cette fête appelle les orphéonistes à une réunion plus intime avec les autres sociétés, les autorités qui les protégent, les artistes qui les encouragent et ceux qui, comme nous, les aiment et leur sont tout dévoués,

C'est dans ces réunions de famille que nous avons vu se développer les tendances de l'Orphéon à s'assimiler toutes les Sociétés, qui ont pour but l'amélioration et le progrès social, en leur tendant les bras, comme nous l'avons vu venir en aide à toutes les calamités.

Voici ce que disait M. Beaucourt à l'un de ces banquets fraternels :

« Messieurs,

» J'ai l'honneur de porter un toast aux Sociétés orphéoniques en général, à celle d'Argenteuil en particulier.

» Permettez-moi, je vous prie, quelques mots : Oui, c'est avec plaisir, avec bonheur que je porte ce toast, car les sociétés orphéoniques se généralisant doivent amener par la suite de beaux résultats au profit de l'humanité.

» En effet, se voir, s'entendre, mêler ses voix, se serrer les mains, en un mot, concourir à établir la fraternité universelle, telle doit être et telle sera leur noble mission !

» Ah ! Messieurs, croyez-le bien, l'aurore du jour se lève où, à travers mille luttes et combats qu'elle a encore à soutenir, cette fraternité ne sera plus un vain mot, et en mettant de côté tout sentiment de basse jalousie, nous pourrons dire avec notre immortel et regrettable Béranger :

Formons une sainte alliance,
Et donnons-nous la main.

» Les Sociétés orphéoniques, soyez-en persuadés, par leur admirable organisation et l'excellent esprit de progrès qui les anime, auront la gloire d'avoir contribué, par le rapprochement des hommes des points les plus éloignés, à cette belle et sainte mission. Il suffira alors seulement de se présenter dans n'importe quelle Société chorale existante, pour qu'à l'instant même on vous ouvre les bras et vous dise : *Frère, sois le bienvenu!*

» Honneur à vous, Messieurs, lorsque, après les rudes travaux de la journée, loin de vous laisser entraîner par des amusements souvent regrettables, vous venez vous livrer à des études arides, quelquefois ennuyeuses, mais dont le résultat doit avoir un si noble but !

» Honneur à ces hommes de dévouement placés à votre tête, que nuls obstacles, nulles tracasseries, nuls sacrifices ne rebutent, pour établir et relier entre eux tous les membres de cette grande famille !

» Honneur aussi à ces compositeurs de mérite, qui, de même, mettent aussi leurs talents et leurs veilles au profit de cette même famille et quoique absents, qu'ils reçoivent tous ici le témoignage d'une juste reconnaissance !

» Et maintenant, en terminant, permettez-moi de répéter :

» Aux Sociétés orphéoniques en général, à celle d'Argenteuil en particulier ! »

Ces paroles graves, remplies d'avenir, qui comportent avec elles tout un programme, précèdent d'une année celles que nous allons reproduire aussi, parce qu'elles viennent corroborer cette idée fraternelle d'union intime avec toutes les autres sociétés qui ont pour devise le bien-être et l'instruction populaires.

Déjà l'Orphéon avait convié à sa Fête la Loge maçonnique d'Argenteuil, et M. Beaujanot, son président, dans un discours empreint d'une philosophie douce et entraînante, le remerciait ainsi :

« Messieurs,

» C'est la première fois que j'ai le plaisir d'assister à une de vos fêtes, mais ce n'est pas la première fois que nous nous trouvons réunis ; d'autres circonstances nous ont déjà rapprochés et je ne puis douter du bon souvenir que vous en avez conservé, puisque c'est à lui que je dois la gracieuse invitation qui me réunit ce soir à vous.

» Vous développez, Messieurs, l'une des plus belles facultés de notre organisation ; en donnant une voix à ces harmonies intérieures de l'âme, écho affaibli mais direct de l'harmonie divine, vous accomplissez une mission providentielle, et vous remplissez le but de la création en faisant vibrer ces cordes du cœur qui s'appellent amour du beau et amour du bien.

» Voilà votre principale gloire, Messieurs, celle des maîtres qui m'entourent et qui sont venus aujourd'hui s'associer à vos plaisirs comme ils vous associent chaque jour à leurs succès; à vous tous vous avez créé une langue universelle parlée par toutes les bouches, comprise par tous les cœurs, qui est en quelque sorte l'expression de la poésie de l'âme humaine : poésie que je n'essaierai pas de traduire, car on ne rapporte pas l'encens à l'arbre qui le donne, et surtout n'oubliant pas, Messieurs, que moi je parle, tandis que vous vous chantez.

» Dans tous les pays du monde la poésie, le chant ont été les traductions les plus éloquentes comme les plus vraies des sentiments intimes du cœur humain : avant vous ces expansions avaient été un privilége, vous en avez fait un bienfait général; et, par une de ces délicatesses qui sont pour ainsi dire le parfum de l'art, et qu'on ne saurait jamais assez louer, vous avez voulu recruter vos phalanges dans les classes inférieures de la société; vous avez voulu apporter à ces déshérités des biens de la terre les plus douces et les plus pures jouissances de la vie, en substituant aux habitudes dégradantes les satisfactions les plus nobles de l'intelligence, les seules qui donnent à l'homme la conscience de sa valeur et de sa dignité.

» Messieurs, je bois au progrès et à l'Union de toutes les Sociétés qui s'inspirent des grands principes de la dignité et de la fraternité humaine, et plus particulièrement à la continuation des rapports intimes et affectueux qui nous unissent à l'Orphéon d'Argenteuil. »

En 1866, les orphéonistes poursuivant leur pensée de communion fraternelle entre toutes les autres Sociétés locales, appelaient parmi ses membres d'honneur les Institutions de Secours mutuels dans les personnes de leurs présidents, de même que, d'un concours unanime, ils se proclamaient membres honoraires de ces mêmes Sociétés. C'était la réalisation de ses espérances.

M. Codebecq, adjoint au maire d'Argenteuil, président de l'une de ces Sociétés, s'exprimait ainsi en cette occasion :

« Au nom de la Société de Secours mutuels dite Sympathique de manité, nous remercions la Société orphéonique de l'accueil fraternel qui lui est fait dans la personne de son Président.

» Aussi, c'est avec bonheur que nous saisissons l'occasion de ce banquet, pour dire à la Société de l'Orphéon : vous êtes notre sœur ; veuillez nous accepter comme telle.

» Vous aussi, vous êtes civilisatrice : les principes que vous professez sont les nôtres, et soyons certain qu'ils porteront leur fruit ; car ce sont des principes qui ont pour base la paix et la fraternité ! »

. . . .

Ces banquets annuels si bien remplis par la satisfaction que donne le devoir accompli, sont de véritables réunions de famille où il y a place pour les souvenirs et les regrets ; c'est le 25 novembre 1866, dans l'une de ces dernières Fêtes, présidée par M. Aubry, maire d'Argenteuil, ayant à ses côtés MM. L. de Rillé et Elwart, que nous avons entendu de touchantes paroles adressées à la mémoire des artistes que la cruelle mort nous a enlevés dans le courant de cette année fatale.

La douce gaîté s'asseoit aussi à ces banquets ; nous n'en voulons pour preuve que quelques couplets détachés d'une spirituelle chanson improvisée par M. A. Elwart dans cette même réunion.

Dans nos luttes orphéoniques,
Votre choral toujours vainqueur
Obtient des succès magnifiques,
Auxquels j'applaudis de grand cœur.
Du haut de nos chaises curules
Nous encourageons vos efforts...
Ah ! Messieurs, calmez mes scrupules,
Vous, les complices de mes torts !

LAMBERT ! nature franche et forte,
Dispense aux enfants le savoir ;
Aux hommes il ouvre sa porte
De par la musique, le soir !

6

Il ferait solfier des mules,
Tant il est savant professeur ..
Aussi, je n'ai pas de scrupules
Lorsque je rime en son honneur.!

Les anciens, réunis à table,
Buvaient à ceux qui ne sont plus :
Pour nous, le sort fut intraitable
Pendant les dix mois parcourus.
Vialon, Clapisson, chers émules !
Et Dufrène devaient venir !....
Ils ne viendront pas !.. Sans scrupules
Je bois à leur doux souvenir.

La chanson la plus réjouie
Finirait très-mal, si Bacchus,
L'ennemi-né de l'eau rougie,
N'entonnait pas un gai chorus.
Buvons donc ! et quand les sportules
S'offrent avec aménité,
Mettant sous les pieds nos scrupules.
Trinquons à la sainte amitié !

Nous terminerons ici nos considérations générales sur l'Orphéon d'Argenteuil pour ne plus nous occuper que de sa situation et son organisation matérielle.

Ainsi, rappellerons-nous tout d'abord les nombreux concours où il a pris part et les récompenses qu'il y a obtenues; nous citerons encore les noms de ses membres d'honneur et de ses membres honoraires, et, enfin, nous joindrons à ce travail les statuts de son Règlement.

RÉCOMPENSES OBTENUES
PAR L'ORPHÉON D'ARGENTEUIL

ADULTES

CONCOURS GÉNÉRAUX.

Fontainebleau...	28 août.....	1859,	3e division,	2e section,	2e Prix.
Saint-Denis.....	2 octobre..	1859,	3e —	2e —	3e —
Pantin.........	11 août.....	1861,	3e —	2e —	2e —
Château-Thierry.	29 juin.....	1862,	3e —	2e —	5e —
Meaux.........	18 mai.....	1862,	3e —	2e —	1er —
Dieppe.........	31 août.....	1862,	3e —	1re —	2e —
Rouen.........	6 septembre	1863,	3e —	1re —	Mention honorable.
Choisy-le-Roi..	11 octobre..	1863,	3e —	1re —	1er Prix.
Saint-Denis....	8 mai.....	1864,	2e —		5e —
Vincennes......	24 août.....	1864,	2e —		4e —

CONCOURS DÉPARTEMENTAUX.

Versailles......	22 août.....	1858,	3e division..........		1er Prix.
Saint-Germain.	7 août.....	1859,	2e —		1er —
Versailles......	25 juillet....	1860,	1re —	2e section,	1er —
Versailles......	23 juillet....	1861,	1re —	1re —	»
Sèvres........	5 juillet....	1863,	1re —	1re —	»
Mantes........	10 juillet....	1864,	1re —	1re —	1er —
Rueil..........	21 mai.....	1865,	1re —	1re —	1er —
Saint-Cloud....	6 mai......	1866,	Division supérieure....		3e —

FESTIVALS-CONCOURS.

Vincennes.....	3 septembre	1865,	2e division...........	2e Prix.
Nanterre......	26 août.....	1866,	2e —	3e —

FESTIVALS.

Londres (Palais de Sydenham).	du 25 au 30 juin 1860.
Paris (Palais de l'Industrie).	du 17 au 22 octobre 1862.
Maisons-sur-Seine..........	14 septembre 1862.
Arcueil....................	5 octobre 1862.
Rouen.....................	25 janvier 1863 (au profit des cotonniers).

ENFANTS

CONCOURS GÉNÉRAUX.

Fontainebleau..	28 août..... 1859,	1re division...........	2e	Prix.
Saint-Denis....	2 octobre.. 1859,	1re —	1er	—
Livry.........	23 septembre 1860,	1re —	1er	—
Pantin........	11 août..... 1861,	1re —	2e	—

CONCOURS DÉPARTEMENTAUX.

Versailles.....	22 août..... 1858,	1re division...........	2e	Prix.
Saint-Germain.	7 août..... 1859,	1re —	2e	—

(DIVISION SPÉCIALE).

ENFANTS ET HOMMES RÉUNIS

Fontainebleau.	28 août..... 1859,	Division spéciale.......	1er	Prix.
Saint-Denis...	2 octobre.. 1859,	—	1er	—
Livry........	23 septembre 1860,	—	1er	—
Pantin.......	11 août..... 1861,	—	1er	—

L'Association Polytechnique a décerné à l'Orphéon d'Argenteuil, pour le récompenser de ses études, une médaille en vermeil grand module.

RÉCAPITULATION DES CONCOURS ET DES PRIX.

ENFANTS....................	6	Concours,	6	Prix,	dont 2 premiers
ENFANTS ET HOMMES........	4	—	4	—	4 —
HOMMES....................	18	—	16	—	7 —
— (Festivals)..........	7	—	5	Médailles.	
— l'ASSOCIATION POLYTECHNIQUE.......			1	—	

La Bannière de l'Orphéon porte donc en ce moment (31 décembre 1866), VINGT-SIX MÉDAILLES, sans y compter les SIX PRIX des enfants, retirés depuis la dissolution de cette section de l'Orphéon.

RÉCOMPENSES OBTENUES PAR LE DIRECTEUR

A PARIS.

1841 Prix de la Ville de Paris. } Comme Moniteur-général des cours
1842 Prix de la Reine........ } de la Halle aux Draps.

A ARGENTEUIL.

1848 Mention honorable........ }
1851 Médaille de bronze....... } Société pour l'Instruction élémentaire.
1861 Médaille d'argent......... }
1849 Les Orphéonistes d'Argenteuil...... Médaille d'argent.
1858 Les Orphéonistes d'Argenteuil...... Médaille en vermeil.
1861 Le Préfet de Seine-et-Oise, sur la décision de la Commission départementale........................ Médaille d'or.
1861 Les Orphéonistes d'Argenteuil...... Médaille en vermeil.
1862 Les Orphéonistes de Maisons-sur-Seine........................ id.
1862 Les Orphéonistes de Cormeilles-en-Parisis........................ Médaille d'or.
1863 Les Orphéonistes de Sannois....... id.
1864 La ville d'Argenteuil, sur la décision du Conseil municipal........... id.
1864 (Saint-Denis), médaille personnelle en vermeil, pour la direction de l'Orphéon d'Argenteuil.
1864 (Saint-Denis), médaille personnelle en argent, pour la direction de l'Orphéon de Sannois.

Le 19 février 1867, M. Lambert recevait de Monsieur le Ministre de l'Instruction publique la lettre suivante :

Monsieur,

En prenant, l'hiver dernier, une part active à l'œuvre des cours d'adultes, vous avez servi un grand intérêt public, et je suis heureux d'avoir à vous en adresser le témoignage.

Recevez, Monsieur, l'assurance de ma considération distinguée,

Le Ministre de l'Instruction publique,

V. DURUY.

MEMBRES D'HONNEUR

DE L'ORPHÉON D'ARGENTEUIL.

MM.

AUBRY (E.), Notaire honoraire, Maire d'Argenteuil.

BARRÉ, O ✵, Conseiller référendaire à la Cour des Comptes, membre du Conseil général de Seine-et-Oise.

BAZIN (F.) ✵, directeur de l'Orphéon de Paris (Rive gauche).

BEAUJANOT, chef de comptabilité à l'usine Joly, à Argenteuil.

BONNEVALLE (A.), Rédacteur au *Journal d'Argenteuil.*

CAMILLE DE VOS, Compositeur de musique.

CARUEL DE SAINT-MARTIN (Baron), O ✵, député au Corps législatif, président de la Commission des Orphéons de Seine-et-Oise.

CODEBECQ, adjoint au maire d'Argenteuil.

DAMOTTE, Juge-de-paix à Courbevoie.

DELAFONTAINE, Président de l'Association chorale et instrumentale de la Seine.

DELAPORTE (E.), ✵, Fondateur des Concours d'Orphéons.

D'INGRANDE (Ed.), Compositeur de musique.

ELWART (A.), Professeur d'harmonie au Conservatoire Impérial de musique.

GAUBERT, Directeur des Enfants de Lutèce.

JOLLY (César), ✵, Directeur de l'usine d'Argenteuil,

JOUVIN, Directeur du Choral de Belleville,

KASTNER (G.), O ✵, membre de l'Institut.

L. DE RILLÉ, ✵, chargé de l'Inspection générale de l'Enseignement musical dans les Lycées et les Écoles normales de l'Empire.

LACHAMBEAUDIE (P.), Fabuliste.

LÉONARD (Abbé), Curé d'Asnières-sur-Oise.

LEROUX (G. P.) Juge de Paix du canton d'Argenteuil.

MAURICE RICHARD, ✵, député au Corps législatif.

MILLET (Abbé), Vicaire général honoraire de Versailles, Curé doyen d'Argenteuil.

MONESTIER, Compositeur de musique.

PASDELOUP, ✵, Directeur de l'Orphéon de Paris (Rive droite).

PÉNY, Compositeur de musique.

PITAT, ✵, Maire d'Asnières-sur-Oise.

RAUX, Juge-de-paix à Saint-Denis.

Récappé O ✵, ancien Conseiller général de Seine-et-Oise.
Sauger (G.) ✵, Président de la Commission permanente des Orphéons de Seine-et-Oise.
Simon (F.-J.), Rédacteur en chef du journal *l'Orphéon*.
Thomas (Ambroise) O ✵, membre de l'Institut.
Touzelin, ✵, ancien maire d'Argenteuil, membre de la Commission des Orphéons de Seine-et-Oise.
Vaudin (J.-F.), Rédacteur en chef du journal *la France chorale*.
Vigouroux, Architecte de la Ville d'Argenteuil.
Worms (P.), Imprimeur du *Journal d'Argenteuil*.

La Loge maçonnique d'Argenteuil.
La Société de Secours Mutuels d'Argenteuil (Sympathique).
La Société de Secours Mutuels d'Argenteuil (Saint-Denis).
La Compagnie des Sapeurs-Pompiers d'Argenteuil.

MEMBRES HONORAIRES

MM.
Amblard, Entrepreneur de Serrurerie.
Aubry, Notaire honoraire; Maire.
Aubry, Louis, Cultivateur.
Bailly fils, Marinier.
Barré, O ✵, Conseiller référendaire à la Cour des comptes, membre du Conseil général de Seine-et-Oise.
Beaucourt, Graveur (Paris).
Berthoud, Paul, Fabricant d'Instruments de précision.
Blaise, Victor, chef des ateliers Joly.
Blanquet, Directeur de l'Orphéon de Cormeilles-en-Parisis.
Boulmier, Propriétaire.
Bourcier, Marchand Épicier.
Bouts, Conseiller municipal.
Braque, Entrepreneur de Peinture.
Bray-Lamulle, Marchand Épicier.
Brelles, Marchand de Vins-Traiteur.
Cahagnet, Propriétaire.
Caillé, Conseiller municipal.
Caron, Huissier.
Chailloux, Louis, Cultivateur.
Chevalier, Propriétaire.
Chevalier, Jacques, Cultivateur.
Codebecq, Adjoint au Maire.
Collas, Alexis, Cultivateur.
Collas, Marchand Épicier.
Collas, Eugène, Propriétaire.
Collas-Gillet, Limonadier à Sannois.
Collas Grégoire, Propriétaire.
Collas, J.-J., ancien Maire.
Colpin, Marchand Boulanger.
Clémancy, Restaurateur
Clémancy, Marchand Épicier.
Couleuvret, Propriétaire.
Décourt, Marchand Épicier.
Delacroix, Négociant.
Delafoy, Suppléant du Juge de paix.
Delmal, Débit de tabacs.
Devallois, Régent à la Banque de France.
Dingremont, Géomètre.
Dreux, Propriétaire.
Dubaut, Conseiller municipal.
Dubois Antoine, Propriétaire.

Dubrac, Pharmacien.
Duchef, Entrepreneur de Charpente.
Dulong fils, Conseiller municipal, Suppléant du Juge de Paix.
Émery, Secrétaire de la Mairie.
Fayette, Chef d'Institution.
Ferrant, Directeur de l'Orphéon de Maisons-sur-Seine.
Fillin, Marchand de vins.
Flagella, Rentier.
Flamarion, Marbrier.
Fleutiaux, Limonadier.
Foissotte, Peintre.
Gallas, Limonadier.
Gentil fils, Cultivateur.
Girardin, Conseiller municipal.
Girod, Entrepreneur de Peinture.
Gouffé, Huissier.
Haudrichon, Modeleur.
Henry, Lithographe.
Huart, Ferblantier.
Hudde, Notaire.
Huart, Quincaillier.
Jeandel, Propriétaire de Carrières à Plâtre.
Jolly, César, Conseiller municipal.
Joly Théophile, Constructeur.
Lacroix, Coiffeur.
La **Loge Maçonnique** d'Argenteuil.
La **Société Sympathique** d'Argenteuil.
Lamulle-Mélin, Employé.
Laporte, Mercerie et Lingerie.
Laugier, Artiste-Graveur.
Lecocq, Horloger de la Marine.
Lecomte, Propriétaire.
Lecourt, Notaire, Président de la Loge maçonnique.
Mme **Lecourt**, Marie.
Lemaitre, Cap. des Sap.-Pompiers.
Lemistre, Merceries et Confection.
Lemoine, Négociant.
Léon, Entrepreneur de maçonnerie.
Lepage, Maître de chapelle.
Leroux, Juge de Paix du Canton d'Argenteuil.
Lequeux, Entrepren^r^ de Serrurerie.
Lévêque, Propriétaire.
Leviel, Marchand de vins.
Maille, Marchand Épicier.
Maingot, Propriétaire.
Malterre, Cultivateur.
Ménier, Marchand de meubles.
Millet (Abbé), vicaire général de Versailles, Curé doyen d'Argenteuil.
Mothron, Louis, Propriétaire.
Moulin, Tapissier.
Nicot, Directeur des Eaux de la ville.
Pantoux, Entrepreneur (Bezons).
Paris, Entrepreneur de Peinture.
Perdrieux, Négociant.
Petit père, Propriétaire,
Petit fils, Entrepreneur de Peinture.
Plainchault, Entrepreneur (Bezons).
Poitrey, Négociant.
Poitrey, Emile.
Pothron, Marchand Epicier.
Prudhomoz, Receveur de l'Enregisment.
Renard, Limonadier.
Rhone, E., Graveur à Paris.
Robert, Docteur en médecine.
Roberge, Cultivateur.
Samson, Marchand de Vins-Logeur.
Senturel, Chimiste (Paris).
Signolle, Marchand Boulanger.
Stoeltzen, Joseph, Employé.
Terrier, Entrepreneur de Serrurerie.
Thiévin, Maréchal-Ferrant.
Touzelin ✻, Conseiller d'arrondissement, ancien Maire.
Vaillant, Peintre.
Vigouroux, Architecte de la ville.
Virret, Marchand Épicier.

ORPHÉON D'ARGENTEUIL

RÈGLEMENT DE LA SOCIÉTÉ.

STATUTS.

BUT DE LA SOCIÉTÉ.

Les anciens élèves des cours de musique de M. H. Lambert voulant s'affermir de plus en plus dans l'exécution des morceaux d'ensemble, et resserrer les liens d'estime et d'affection qui se sont formés entre eux pendant leurs études musicales, se réunissent en Société chorale.

ARTICLE 1er. Il est formé à Argenteuil, conformément à l'arrêté de M. le Préfet de Seine-et-Oise du 24 juillet 1857, contenant règlement général des orphéons du département et sous le patronage de la Commission départementale, une société musicale, sous le nom d'ORPHÉON D'ARGENTEUIL.

ART. 2. Le nombre des membres est illimité.

ORGANISATION.

ART. 3. La Société est administrée par un Comité composé de :

Un directeur, un Trésorier, un Secrétaire, un Secrétaire-adjoint, un Porte-Bannière.

Un Commissaire et un sous-Commissaire dans chaque partie. Les sous-Commissaires remplacent les Commissaires empêchés.

DU DIRECTEUR.

ART. 4. Le Directeur est le représentant de la Société. Il est le seul maître de la direction musicale.

Art. 5. Le Directeur fixe les jours et heures de réunion, provoque les assemblées extraordinaires, préside le Comité ; propose les concours et concerts, et décide si ces concours ou concerts peuvent avoir lieu, selon la capacité des Sociétaires qui se font inscrire pour y prendre part.

DU TRÉSORIER.

Art. 6. Le Trésorier solde les dépenses autorisées par le Comité, et ne doit jamais avoir en caisse une somme supérieure à 100 francs. Aussitôt que l'encaisse aura atteint ce chiffre, le surplus sera placé au nom de la Société à la Caisse d'épargnes d'Argenteuil.

DU SECRÉTAIRE.

Art. 7. Le Secrétaire dresse procès-verbal des séances du Comité en donne communication à la Société, et à chacun des membres qui lui en ferait la demande ; il reçoit les cotisations, les droits d'inscription, et toutes les sommes offertes à la Société, et les remet dans le plus bref délai au trésorier qui lui en donne reçu.

DU SECRÉTAIRE-ADJOINT.

Art. 8. Le Secrétaire-adjoint remplace ou aide le Secrétaire, mais il doit toujours lui rendre compte de ses opérations.

DU PORTE-BANNIÈRE.

Art. 9. Le Porte-Bannière fait partie du Comité. Il ne peut exercer aucune autre charge.

DES COMMISSAIRES ET SOUS-COMMISSAIRES.

Art. 10. Les Commissaires ou les sous-commissaires tiennent la liste des présences et des absences aux études, aux répétitions et aux exécutions, et la remettent au Secrétaire qui est chargé d'en présenter l'état à la réunion trimestrielle du Comité.

DU COMITÉ.

Art. 11. Le Comité est chargé de l'emploi des fonds de la

Société; le Trésorier ne doit jamais délivrer aucune somme sans sa décision. En cas d'urgence, et sous sa responsabilité personnelle, le Directeur peut ordonnancer une dépense, sauf à la faire valider par le Comité dans sa plus prochaine réunion.

Art. 12. Le Comité se réunit tous les trois mois pour vérifier les comptes. Il dresse le tableau des présences, des absences, des peines disciplinaires encourues par les Sociétaires, des démissions, des admissions et des exclusions qui ont eu lieu pendant le trimestre.

Art. 13. La présence de cinq membres est nécessaire pour valider les décisions du Comité.

Art. 14. Chaque année, le premier dimanche de Décembre, en assemblée générale des Sociétaires, le Comité rend compte de sa gestion et propose les modifications qu'il croit devoir être faites au règlement.

Si l'assemblée décide qu'il y a lieu à révision, une commission spéciale sera nommée; son travail portera exclusivement sur les articles à réviser; et cette révision sera proposée à l'acceptation de la Société à la réunion générale qui se tiendra le dimanche suivant.

Ces articles modifiés ou ajoutés ne seront applicables qu'après avoir reçu l'approbation de M. le Préfet de Seine-et-Oise.

CAISSE.

Art. 15. Il est formé une caisse pour les besoins de la Société : lesquels consistent en frais de voyage et en dépenses imprévues.

Art. 16. Les ressources sont de deux espèces, ressources fixes et ressources éventuelles; les ressources fixes consistent en une première mise de un franc par Sociétaire pour droit d'inscription et en une cotisation mensuelle de vingt-cinq centimes que chaque Sociétaire est tenu d'acquitter tous les mois sous peine d'une amende de cinq centimes.

La cotisation mensuelle est destinée à la célébration de la Sainte-Cécile.

Art. 17. Les ressources éventuelles comprennent les mises de fonds des membres honoraires, et les dons qui seraient faits à la Société. Ces sommes sont destinées à acquitter les frais qu'occasionnent les voyages des orphéonistes assistant aux concours, autant toutefois que la situation de la caisse le permet, et selon la décision prise par le Comité.

ÉLECTIONS.

Art. 18. Tous les membres du Comité, hors le Directeur, qui est nommé par le Préfet, sont élus à la majorité relative à l'assemblée générale annuelle qui a lieu dans la première quinzaine de Décembre.

Art. 19. La durée des fonctions est fixée à un an avec réélection possible.

Art. 20. Si un emploi devient vacant dans le courant de l'année, il sera pourvu en séance générale à son remplacement.

Art. 21. Pour que les élections ou les décisions de la Société soient valables et aient force de règlement, il faut la présence des deux tiers des membres. Si cependant, faute de la présence des deux tiers des membres une élection ou une décision était annulée, une autre réunion aurait lieu à trois jours de distance, et alors la majorité absolue des membres présents suffirait pour valider ce qui lui aurait été soumis.

Art. 22. Le sociétaire élu doit accepter la charge qui lui est destinée, à moins de faire connaître des motifs valables devant la Société.

ADMISSIONS.

Art. 23. — Toute personne désirant faire partie de la Société, subira un examen du Directeur qui s'assurera qu'elle connaît a méthode employée par la Société, elle serait ajournée s'il en était autrement.

Art. 24. Toute personne, en entrant dans la Société, paie un frânc pour droit d'inscription, et un franc cinquante centimes pour prix de l'insigne adopté par la Société que le Directeur lui délivre, en outre elle signe le règlement et s'engage à l'observer dans toute son étendue ; on lui délivre une carte de sociétaire.

Art. 25. Sont inadmissibles les personnes faisant partie d'une autre société chorale.

Art. 26. Les nouveaux admis, qui voudraient participer à la fête de la Sainte-Cécile, sont tenus d'acquitter les cotisations écoulées depuis le premier du mois de Décembre.

Art. 27. Le sociétaire qui aurait été rayé par suite de l'application des art. 32, 33 et 36 devra se soumettre à l'article 24, s'il veut être réintégré. Les membres exclus ne peuvent rentrer à moins d'une décision motivée du Comité, que le Directeur soumet au vote secret de la Société réunie en séance générale.

PEINES DISCIPLINAIRES.

Art. 28. Les peines disciplinaires sont :

L'avertissement, la réprimande, la radiation.

Le Directeur prendra toute mesure disciplinaire qu'il jugera convenable.

Art. 29. Le sociétaire qui s'absenterait à l'une des trois dernières répétitions qui précèdent un concours ou un concert, sera passible d'une amende de dix centimes pour une absence d'une demi-heure après l'appel, et de vingt-cinq centimes pour l'absence totale. L'absence à la répétition générale exclut le sociétaire du concert ou du concours.

Art. 30. Seront exclus de la Société, ceux qui, sans y être autorisés par le Directeur, chanteraient en séance publique avec leurs insignes ou sous le nom de l'Orphéon.

Art. 31. Le sociétaire qui aurait refusé une fois de prendre part à un concours ou à un concert, ne pourrait le faire une seconde fois sans encourir l'exclusion.

Art. 32. Tout sociétaire qui ne se conformera pas au règlement encourra l'exclusion.

Art. 33. Les sociétaires doivent assister aux études, celui qui manquerait quatre fois de suite, sans avoir prévenu le Directeur, sera considéré comme démissionnaire.

Art. 34. Aucun sociétaire, pendant un concours ou un concert, ne peut s'absenter sans permission à moins d'encourir l'exclusion.

Art. 35. Le sociétaire qui n'aurait pas soldé sa cotisation mensuelle dans la huitaine qui suit l'échéance, serait passible d'une amende de cinq centimes.

Art. 36. Celui qui resterait deux mois sans payer sa cotisation serait considéré comme démissionnaire.

Art. 37. Le membre démissionnaire, ou exclu, n'a aucune réclamation à faire sur les sommes qu'il aurait versées à la caisse.

MEMBRES HONORAIRES.

Art. 38. Les membres honoraires sont ceux qui portent intérêt au développement de l'Orphéon. Ils versent une cotisation de six francs par an, payable, s'ils le désirent, en deux termes de trois francs chacun, le premier en souscrivant, et le deuxième six mois après. Ils reçoivent une carte de Membre honoraire s'ils acquittent en une seule fois le montant de leur cotisation, c'est-à-dire au moment de leur souscription.

Art. 39. Deux concerts par an sont offerts par l'Orphéon, aux membres honoraires qui, indépendamment de leur entrée personnelle, reçoivent deux billets d'invitation.

Art. 40. Les membres honoraires ont le droit, sans y être tenus, de porter l'insigne des orphéonistes.

DISPOSITIONS GÉNÉRALES.

Art. 41. La fête de la Société est celle de la Sainte-Cécile, elle peut être ajournée de quelques jours sur un rapport du Comité, qui en règle chaque année la célébration selon l'avis donné par la Société consultée à cet égard.

Art. 42. Lorsque la Société se rendra à un concours ou à un concert, le Directeur s'assurera si chaque Sociétaire peut chanter sa partie; celui qui sera reconnu incapable ne sera pas admis à entrer dans les rangs des exécutants, mais il pourra y assister comme membre honoraire.

Art. 43. Toute personne étrangère au cours, ne peut assister aux leçons ou répétitions sans y avoir été autorisée par le Directeur, et alors elle ne devra pas se mettre dans les rangs des Sociétaires.

Art. 44. Les élèves du cours élémentaire peuvent assister aux leçons du cours supérieur, mais ils ne peuvent y prendre part.

Art. 45. Chaque élève ou Sociétaire est muni d'une carte d'admission ou de sociétaire qu'il présente au Contrôleur à l'entrée du cours.

Art. 46. Une messe funèbre sera mise à l'étude et répétée tous les mois pour être chantée au besoin, au service d'un membre décédé. Une somme sera prise sur la caisse pour faire graver une lyre sur la pierre funèbre, ainsi qu'une courte inscription rédigée par le Comité, et approuvée par la Société.

Les Commissaires sont chargés des invitations à domicile.

Art. 47. En cas de dissolution de la Société, tout le matériel, y compris la musique, la bannière, les médailles, etc., que ce matériel ait été acheté avec les fonds de la Société, fourni par la Commune, ou donné par d'autres, sera déposé par le Directeur, sous sa responsabilité, à la Mairie. Si la Société se reforme avec les mêmes éléments, le matériel, la musique, la bannière et les médailles lui seront rendus.

Si elle est composée de nouveaux membres, les médailles resteront déposées à la Mairie, le surplus lui sera remis.

Art. 48. Le présent règlement sera déposé dans les bureaux de l'administration, conformément aux lois, il sera affiché dans la salle des études; et chaque Sociétaire en recevra un exemplaire.

Adopté en séance générale, le douze avril mil huit cent cinquante-neuf.

LE DIRECTEUR,

H. LAMBERT.

Vu et approuvé le présent Règlement.

Versailles, le 10 mars 1860.

Pour le Préfet de Seine-et-Oise empêché,

Le Secrétaire général délégué,

DUVERGIER.

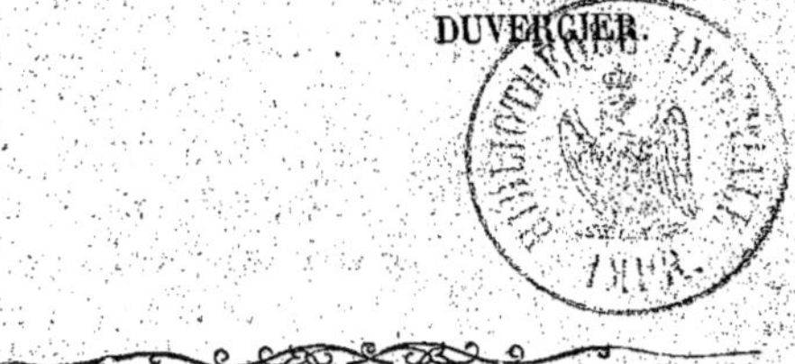

ARGENTEUIL. — IMPRIMERIE PAULIN WORMS.

www.ingramcontent.com/pod-product-compliance
Lightning Source LLC
LaVergne TN
LVHW020455090426
835510LV00046B/1404